저음의 슬픈 연대

158

저음의 슬픈 연대

표문순

현대시학 시인선

* 시인의 말

참 많은 일들이 지나갔다

보내고
또 보내고

그래도
나는
~ 척 산다

차례

❖ 시인의 말

1부

버드나무	12
노을 카페	14
툭!	15
우체통을 대하는 방식	16
2022년 봄	17
코끼리 만두	18
습관성 다음 증후군	20
첨과 삭	21
봉선화 연정	22
귀가 가렵다	23
어떤 자화상	24
순행동화	25
단 소금	26
하늘 건조대	27
목어	28
점자식 사랑	29
發光과 發狂 사이	30

2부

코뚜레	34
닭전 기름집	35
용도 변경	36
늦가을 붉은 갓	38
패턴	39
모해모해?	40
낯선 온도	42
템플스테이	44
빈궁 캣슬	45
풍치	46
詩	47
당신의 **근**거리	48
그루밍	49
네 이름은 탱고	50
개들의 주소	52
시간 여행자	53
멋으로 마시는 커피	54

3부

부부의 세계 1	58
부부의 세계 2	60
그리운 안테나	62
달의 기록문	63
말랑한 손	64
제초除草	66
퇴행성 베란다	67
모경暮景	68
우주복	69
미생	70
부음	71
리본들의 조문	72
청취	73
연화장蓮華藏	74
저녁의 감정	75
창문의 일과一過	76

4부

빙의	80
디그레이드degrade	82
오늘 도착	83
12월 24일	84
매미처럼	85
망초亡草	86
응답하라 까마귀	87
웃음에 관한 역설적 고찰	88
오답노트에 관한 기록	89
상생	90
평화공원	91
공생염전	92
어로漁撈	93
벼락 맞은 남자	94

※ 해설

생명의 연대와 숙성의 시조 미학 | 황치복(문학평론가)

1부

버드나무

무른 나의 몸에서
노래가 자라고 있다

껍질과 껍질 사이를
흐르는 음률들

시리게 계절을 건너면
코끝이 시큰하다

겨우내 온몸 비틀어
빠져나간 박자들이

단단하게 남겨놓은
악보를 찾아와서

물오른 봄날이 되면

삐삐삐 흘릴 것이다

그늘을 즐겨 찾던
하오쯤 사람들이

바람과 몸 비비는
빨래같이 가붓한 날

한 가지 꺾어서 불던
언덕을 춤출 것이다

노을 카페

노을 속으로 들어가는 건 편법처럼 야릇하다 전면이 바다인 창을 슬쩍 끼고 앉아서
조금씩 기울어가는 일몰을 주문한다

1분 전 당신은 낯설게 식어있기에 로스팅한 커피 안으로 붉음이 뛰어든다
언제나 망설이는 건 태양이 아니라 나

한 모금 훅 빨아들인 진하고 진한 오후 6시 함부로 삼키지 못해 머금고 굴려보는
하늘과 팽팽히 맞선 쓰디쓴 기다림

툭!

하얗게 뜸이 잘든 고슬고슬 마음처럼

아무런 연고도 없는 아주 낯선 내 절망에게

한 마디

밥 먹고 가, 라고

무심하게 잡아끄는

우체통을 대하는 방식*

옷이 걸렸다 지난주는 다정한 사연처럼
이번 주는 고달픈 사연처럼 연출됐지
그건 다 아주머니가 나를 대하는 방식

칙칙한 가죽 자켓, 패딩 코트가 이번 주제
4월엔 흥정하기 어려운 내용이지만
시장통 뭇사람들의 취향을 저격하지

점심이 지나도록 졸음만 기웃대고
지나는 사람들의 손에 걸린 봉지 속엔
제각기 입맛에 족한 냄새들이 담겼다지

회색빛 하늘이 제멋대로 훤히 보이는
팔달구 하나은행 정문 앞 인도에서
본분을 잃어버렸던 까닭을 보내나니

* 유치환의 행복에서 일부 변용

2022년 봄
— 펜데믹

뗄 것과 붙일 것의 경계가 희미해지고
사람들 사이에 표정이 단순해졌다
저만치
멀어져 있는
생각마저 방역한다

언제쯤 밥 한번 편히 먹을 수 있을지
하이얀 마스크가 안부를 지운다
오늘도
불안과 의심
급성으로 번진다

속보엔 바이러스가 매일매일 주인공이다
타살을 서슴지 않는 숨어있는 악역들
자발적
히키코모리
언제쯤 끝날 것인가

코끼리 만두

1978년산 코끼리
1인분을 주문했어

원조가 진짜일까
질문을 입에 물고

의혹이 흔들리도록
매콤함을 맛본다

피가 얇아 내장 속 사연이 잘 드러나는
우리 밀 코끼리를 크게 한입 베어 물면
육즙의 시선과 미각 추억을 끌고 온다

속이 꽉 찬 만두에는
기록된 게 너무 많아

옛 맛을 기대하며
풍미를 헤집는다면

긴 코를 상상하는 건
누구에게든 허락되지

습관성 다음 증후군*

다음이라는 미래를 이제는 버려야지
오늘을 모면하려 으레 했던 말처럼
얼마간 시간을 벌려고 미루지는 말아야지

'~때'라는 조건들은 감염에 취약해서
아주 작은 게으름에도 민감하게 반응하지

"다음에 밥 한번 먹자" 아주 다정한 그다음들

* 조어

첨과 삭

한 시간째
문장 위
같은 자리 서성인다

빼야 하는
이유와
넣어야 하는 이유 사이

섣불리
어깃장 놓다가
비문非文에 끼고 마는

봉선화 연정*

마당에서 할머니까지

여름에서 첫눈까지

한 번도 이르지 못한

봉선화 붉은 꿈을

올해는

나비 애벌레가

다 먹어 치웁니다

*현철 노래

귀가 가렵다

갑각류 모양을 한 벌레가 귓속에 산다

새끼손가락 밀어 넣어 꺼내보려 하는데

뉘신가 이 깊은 곳까지 소문을 나르는 이

어떤 자화상

입술이 까맣도록 앞니가 빠져있는
노인의 웃음에서 환희를 보았다
무작정 물들어 있으니 덩달아 환해진다

헐거운 잇몸으로 조음된 언어들이
자꾸만 오므라드는 말허리를 툭툭 찬다
몰라도 알 것만 같은 마음을 오물거린다

처져있는 눈빛과 느슨한 주름살
광대뼈가 괴고 있는 단단한 이력들
짙어서 더 깊어지는 오래된 윤곽의 힘

순행동화

창 너머 담에서
참새가 나를 본다

내가 저를
보는 것처럼
저도 나를
들여다본다

어리는
눈시울의 성분
훤히 다 읽고 있다

단 소금

펑퍼짐한 소금 주머니
사발 위에 괴어놓고
동여맨 나일론 끈 풀어볼 생각도 말고

잊은 듯
몇 해 놔두면
단맛이 들 거란다

든다는 건 기다리는 것
오래도록 덜어내는 것
짠 것과 쓴 것들 일테면 눈물 같은

애간장
다 내리고 나면
혀끝에서 만나는

하늘 건조대

빨래대에
식구들 하루가
얼룩덜룩 널렸다

기계가
빨지 못한
피로들이 휘발된다

어떻게
비벼 말려야
뒤꿈치까지 맑아질까

목어
— 화성 행궁 내포사[*]

퉁그러진 눈알 굴리는 소리가 들린다

허공을 이백 년 넘게 헤엄치는 우직한 호령

바람도 군기가 들어 보초를 보초한다

[*] 위급한 상황이 올 때 위험을 알리는 관측소

점자식 사랑

자라면서 드러나는 난감한 틈이 있다
손끝으로 생성했던 활자와의 불협화음
바트게 잘라내어도 곁가지처럼 자라난다

앞을 내내 못 봐도 사랑은 볼 수 있어서
생각이 움트고 끌림은 반복되는데
한마디 '사랑해' 그 말, 차마 쓰지 못한다

새로 쓴 문장을 균열 속에 끼워 넣으며
또다시 다짐을 가슴에 새긴다
끝끝내 떠나겠다는 말, 뱉어내지 못한다

發光과 發狂 사이

햇빛 잘 드는 날 베란다 문 활짝 열고
하얗고 무늬가 큰 이불을 너는 여자
그녀의 한가로운 낮을 평화라고 불러야 하나

하필 이때 숨이 맑고 구름까지 푸르러
벚꽃잎 바람 타고 우아하게 흩날리니
무심코 새가 되고 싶은 생각이 날개 편다

방향과 목적이 정해져 있지 않지만
한 번도 發狂을 시도한 적 없지만
자꾸만 發光 앞에서 안쪽이 꿈틀한다

2부

코뚜레

 코청에 느닷없이 커다란 구멍 뚫어 펄펄 뛰던 한평생을 고리로 옭아놓고 고삐를 조절하던 사내와 눈 맞듯 하나가 된다

 둥글게 말렸지만 날카로운 촉鏃을 가진 굴레의 선홍빛 몸부림을 목격한 후 나에게 스며들고 있는 은유를 허락했다

 사내의 묵정밭이 한숨으로 깊어지고 얼근히 취한 별이 새벽까지 휘청댈 때 울음만 긷던 어린 나는 비로소 어른이 된다

닭전 기름집

길이 든다는 건
한 편에 가깝다는 것
기계도 함지박도 앉은뱅이 의자도
겹겹이 때가 묻어서 마음 붙이는 단골집

이 집만 고집하는
길이 든 사람들이
가을볕이 털어 준 수확물을 이고 와선
진짜로 고소한 얘기 생기름 짜듯 하염없다

다녀간 사람들의
바짝 으깬 수다처럼
이웃한 비둘기도 한 방울 인심처럼
눙치듯 어슬렁거리다 발을 슬쩍 얹는다

용도 변경

'달'이라 받았는데
'돌'이라 적었다

골짜기 누구에겐가
벗이고 빛이었을

새까만
역사 하나를
무게로만 읽었다

꼬부라진 오이 반 접에
간국을 끓여 붓고

간간이 배어들라고
살포시 눌러 놓았다

노랗게

잘 익은 여름,

달의 맛이 씹힌다

늦가을 붉은 갓

뻐세게

가시 돋고

씹으면

톡 쏘지만

그 맛을 잊지 못해

언덕배기 서성인다

첫사랑

고 계집애처럼

좀처럼 잊히지 않는

패턴

몸의 무늬들이 암호로 지정되었다
일종의 생체라는 눈과 손 정맥까지
그것은 스마트하다며 안전성을 표방했다

오늘따라 전화기는 손가락을 읽지 못해
자꾸만 삐익삐익 부저를 울려대고
전송된 이야기들이 베일에 싸여있다

잘 잠가야 잘 여는 안드로이드 세상
반복된 오류 속에서 열쇠를 찾고 있다
반려를 잃은 것처럼 불안이 밀려온다

모해모해?*

잔뜩 흐린 하늘과

만발한 꽃들 사이

끝끝내 찾아오고 말

봄날의 통보를

어떻게 맞아야 할지 서성이고 있을 때

모해모해 모해모해

자꾸만 뭘 하냐고

다정한 친구처럼

호기심 어린 음성으로

아무도 궁금해하지 않는 일상을 묻는다

일자리 사라질

내일을 모르는 카톡

연체된 카드값과

월세에도 명랑한 카톡

그대로 듣고 있는 건 너무 환한 꽃들 때문

* 핸드폰 알림음

낯선 온도
— 갱년기

나는 이 무작정의 증상에 집중했다

둥근 몸과 모난 몸의 극적인 차이를

갑자기 찾아오고 마는 알 수 없는 기분을

머리에서 발끝까지 흘러내리는 낯선 온도

12월에 핀 개나리같이 경계 없이 달 뜬다

완숙한 생각에게도 폐경기가 있는 걸까

빨래대에 걸려있는 덜 마른 빨래처럼

입고 있는 몸을 헹궈 널어야 다시 올까

중병은 아니라지만 뜬금없이 젖는 날들

템플스테이

지금은 내 몸이 분할하는 중이다
수축과 팽창을 거듭했던 마음의 살
비대한
질량과 부피
조금씩 덜어낸다

이별 후 찾아온 폭식증 때문에
출구를 닫아버린 애증의 분화구
이제는
나만의 감옥에서
벗어날 수 있을까

동물성을 치유하려 식물성만 공양한다
비운다 내려놓는다 잊는다 가벼워진다
보시시
무無를 향한 동사
몸속에 가득찬다

빈궁 캣슬

나 원 참 이렇게 황당한 일이 있냐 말야

몽롱하게 눈 떠보니 내 모든 걸 털렸지 뭐야 언제는 반려라고 제 인생에 껴 넣더니 나인 것도 나 아닌 것도 아니라니 당황스러워 첫울음을 잘 숨겨야 한다는 걸 몰랐어 마루를 벗어나 집 안으로 들어갈 때 순순히 발톱을 접었던 걸 후회해 저들은 스스로 집사라고 하더니만 내 욕망을 거세한 후 넥카라를 채워놓더군 떼어낸 자궁만큼 감정이 가벼워졌어 이젠 제발 친절한 척 그루밍을 멈춰 줘 남은 건 식욕과 알랑거림과 멍한 눈빛

자꾸만 내 등을 노리는 앳된 수컷 좀 치워 줘

풍치

그녀의 입속에는
바람이 살고 있다

내력이 있는 것처럼
뿌리 쪽 깊이 박혀

아리고 시린 감정을 잇몸 속에 키웠다

의사가 입속에서
바람을 캐고 있다

"아, 더 크게 아~" 냄새가 밴
연정戀情이 움찔한다

좀처럼 뽑히지 않는 바람이 깊이 숨는다

詩

할 수 있어
까짓것
할 수 있어
하다가도

할 수 있을 것 같은 것들이
할 수 없을 때가 있다

수없이 앉혔다가 지운
몸달게 하고
달아난

당신의 **근**거리
— 당근체로*

좀 됐는데 발표 안 한 시 몇 편 내놓습니다
바탕화면 한쪽에 두어 달 방치했지만

완전히 쌔거입니다
아직은 쓸 만합니다

한 편엔 사천 원 세 편 일괄 만 원입니다
네고는 불가합니다 찔러보기 사절입니다

진짜로 실어줄 분만
메시지 남겨주세요

*당근: 중고물품 판매 사이트

그루밍

길들인다
아니다
길들여진다
속수무책

보드라운 몸을 지닌 새초롬한 눈길에게
내 몸이 미치기까지 가시거리는 늘 일 미터

요염한 자세를 특권처럼 휘두르며
조금만 손 뻗어도 잔털 밑 발톱이 솟고
좀처럼 품을 수 없게 욕망을 부추긴다

저것 봐
기어이 제 앞까지 끌어다 놓고
유인하듯 내민 것들 요리조리 간만 본다
모른 척 길들이고 있는 너라는 애인, 애완

네 이름은 탱고

낙엽이 자꾸 떨어져
개 한 마리 입양했다

외로움을 타지 않는
특별한 개라 했다

하루도
지나지 않아
살갑고 명랑했다

내 기척에 예민하게
주파수를 맞춰놓고

잘근잘근 물어뜯던
웃음과 잡담들

마당엔 둘이 만들어 낸
계절이 즐비하다

가뭇없이
죽음이 찾아와
떠나보내고

사람 아닌 것으로부터
난생처음 태어난

특별한 나의 외로움
끝없이 증폭된다

개들의 주소

혹시 우리 집이 몇 번지인지 알고 있나요?
잠시 나를 이곳에 내려놓고 급히 가신
나밖에 모르던 사람을 오는 길에 보셨나요?

날마다 오르내리던 계단과 호수공원
아기처럼 끌어주던 개모차의 기억들
달콤한 포옹의 계절 아직도 선연한데

나처럼 그녀도 방향을 잃은 거겠죠?
주소만 알려주시면 금방 달려갈 텐데
여기가 어딘지 몰라 도로에서 하염없습니다

시간 여행자

친구가

꼬불꼬불

머리를 말고 있다

잠자코

그녀의 기억

어디쯤 앉아서

무던히

졸음을 견디다

만나고 온 늙은 청춘

멋으로 마시는 커피

커피는 싫어하지만 카누는 자주 마셔요
시고 떫고 쌉쌀하고 사약 같은 블랙커피

공복의 아침 창가에서 진하게 타보셨죠?

숙취에 절어있던 간밤의 겉멋들이
젊음처럼 우려져 향기에 감기면

담배를 꼬나물 듯이 커피를 피워요

입술을 컵에 대고 후후후 분다거나
후루룩 혓바닥의 볼륨을 높인다면

고상한 자본의 멋에 중독되기 어렵죠

3부

부부의 세계 1

울 엄마가 잘하는 건

동동주 담그는 일

주정꾼 아버지를

근근이 견디면서도

철마다 몸에 좋다는 약술을 짓곤했다

아랫목 이불 밑에서

하얗게 일고 있는

새코롬한 술밥 냄새

솔솔솔 진동하면

우리는 뒷마당에 필 눈물꽃을 걱정했다

닐리리 한량 같던

25°짜리 아버지

네 엄마 네 엄마 하며

늘푸른 요양원을

날마다 넘어가시는 그 사람도 아버지

부부의 세계 2
— 마지막 동행

마지막이

마지막을

끌어당기는 중이었을까

아버지 삶 속으로

죽음이 쏟아졌다

곧바로

무심히 찾아온

또 하나의 응급 상황

수액이

키우고 있던

식물 같은 엄마를

한여름

공포영화처럼

유괴하듯 데려갔다

우리가

믿던 하나님은

쓸데없이 관대했다

그리운 안테나

"아부지, 됐어요?"
"아니 아니 반대쪽으로"

"아부지, 잘 보여요?"
"조금만 더 돌려봐 봐"

하늘 위 올라간 아버지와
주파수를 맞추는 중

달의 기록문

달 속에서 자라던 붉은 꽃잎 떨어지면
우주와 만나는 우화를 오려 엄마는
열세 살 시트 위에다 감쪽같이 수를 놓았다

달이 필 때마다 늘어나던 내간체
먼 잠을 덮고 있던 촘촘한 별들이
미숙한 나의 우주를 경영하곤 했었다

불규칙한 주기까지 모녀가 닮았어도
헌 달이 새달을 향해 징검돌처럼 건너와
숭고한 청춘의 기록 빛나게 일궈놓는다

말랑한 손

등이든

바닥이든

주름은 질병 같다

앞다퉈

매진되는

광고를 사서 발라도

늙음은 나답지 않아 고운 손을 잃는다

손톱 밑

흙물이

씻기지 않은 손으로

밥물 재고

군불 넣던

엄마의 노역처럼

단단한 이력이 없는 말랑한 주방에서

제초除草

일소의 방식으로 노모가 풀밭에 앉아
엉덩이에 엉덩이 닮은 방석을 붙이고
청명한 여물 소리를 몇 소절 뽑아낸다

잡초가 되새김하는 텃밭의 곡조들을
양손에 움켜쥐고서 우적우적 오물오물
혼자서 풀과 함께 자란 고독을 뽑고 있다

퇴행성 베란다

휠체어가 관리하던

어머니께 봄이 왔다

조금씩 물러나 앉은

무릎과 문의 경계

베란다

바깥(外)과 안(內)이

서로를 비틀고 있다

모경暮景

주름만큼 오래된
틀니를 입에 물고
몇 순가락 뜨지 못할 감각에 집중하며
절반을 흘리고 마는 구순에 든 어머니

금방 만든 보철물을
사탕처럼 굴리면서
선홍빛 앞니들이 물고 떠난 발음을
국그릇 한가득 말아 뜨고 있는 칠순 아들

마주 앉은 밥상머리
온전히 씹지 못하고
표정만 바라보며 마음을 오물거리다
어물쩍 넘기고 마는 헐렁한 모경暮景 한 끼

우주복

별도 달도 뜨지 않는 그녀의 우주에는
오래전 궤도를 이탈한 곤욕이 살고 있다
대소변 받아낼 때마다 불시착하는 수치심

아랫도리 환하게 열리는 순간마다
무중력 지점에서 자꾸만 떠오르는데
그녀는 혼신을 다해 자아를 붙잡는다

어쩌면 그것은 체념일지 모르겠다
죽음이란 블랙홀에 빠지지 않으려고
혼자서 유영하고 있는 먼 행성의 우주인

미생

얼마나
더 붙잡아야
미안함이
사라질까

물조차
못 넘기는
닫힌 몸
틈을 열어

콧줄을
밀어 넣으며
한 주 더
연장하는

부음

항아리에 살던 것은 못 이룬 꿈인지 몰라
잃어버린 시간 속 단단해진 결정들
된장이 움키고 있던 긴장을 내려놓았다

숨 쉬는 귀를 가진 항아리의 감각으로
햇살을 밟고 오는 걸음을 읽어가며
간장아, 맛있어져라 주문을 걸었을 텐데

발길 끊긴 장독대에 벌레가 들끓는다
올봄엔 앵두꽃만 설움처럼 흐드러지고
뚜껑을 닫아버린 채 기다림이 발효된다

리본들의 조문

꽃 없는 리본들이 문 앞에 도열한다

조의는 잘라내고 이름만 줄을 세운

고인은 리본이 뿜는 관계에 취해있다

청취

영안실 화장실에서
곡哭소리 터져나온다

그녀 대신 울고 있는
귀뚜라미 한 마리

보일 듯 보이지 않는
저음의 슬픈 연대

통곡의 방향에서
봇물처럼 뻗어오던

울림과 떨림 안고
당도한 격정과 설움

새벽녘 잠들지 못한
별들이 다 젖는다

연화장蓮華藏

가벼워서
너무나
가벼워서 사를 수 없는

당신을
청천靑天에
넘치도록 피워놓고

배고파
식당을 향해
발걸음을 옮긴다

저녁의 감정

끈적한 어둠이 짐승 같은 저녁이다
포장마차가 몸을 여니 허기가 몰려온다
설움은 늘 배가 고파 허겁지겁 달려든다

구두 끄는 소리가 먼 데서 들려오면
농도 진한 국물과 소주 한 병 내놓는다
노곤한 하루 끝에서 바닥이 울먹인다

벗어날 수 없는 막다른 지점에서
주름진 이력을 입고 늙어간 사내 하나
절망에 취하지 않으려 독주로 기록한다

창문의 일과—過

7월을 정지시켜 풀멍에 빠져있는데
커다란 창문으로 질주하던 참새가
불현듯 눈앞에 떨어져 파닥이고 있었다

직전의 수다가 시시콜콜 명랑했고
낮잠을 부추기던 구름마저 폭신했는데
한순간 죽음과 슬픔 몸 섞고 말았다

그 즉시 창문은 일그러진 들판을
비극적 배경으로 가책 없이 내밀고
노래가 되지 못한 날개 장엄하게 멈춘다

4부

빙의

제주 안덕 동광마을
4.3길 따라 걷는다

어제와 다른 저녁이
낮게 낮게 깔리고

발목에 감겨오는 건
핏빛 품은 서사들

웃자란 어둠이
눈 밑으로 감겨오고

토박이 주민 같은
묵직한 울음이

순방향 속도를 따라

나란히 움직인다

서늘하게 반복되는
위험의 각도처럼

수없이 목격했던
고라니의 사체처럼

옛 얘기 물컹하게 밟히는
지금은 사망 시時

디그레이드 degrade

사방이 길이어도 나는 늘 일방이었다
일순간 잘못 탔던 당황스런 방향에서
새로운 길 하나를 만나 벚꽃에 취했던 날

경험만 한 지시등이 어디에 있느냐고
내 뒤만 따라오라고 손짓하던 울 엄마
너무나 멀리 와버려 머뭇대며 망설였지

언제나 그렇듯이 아픈 쪽이 먼저 온다
퇴행이라 우겼지만 여지없는 아가페다
아주 긴 터널 앞에서 어린 새가 울고 있다

오늘 도착

택배기사 차량 뒤를 거대한 힘이 밀고 간다
짐칸에는 전력투구의 로켓들이 실려있다
지난밤 긴급 투입된 업계 1위 보급품이다

고객들의 문 앞으로 장전된 로켓들은
이따금 길 위에서 점화되기도 한다는데
화근의 진압을 위한 부적 같은 처방일까

배트맨~ 슈퍼맨~
망토에 깃든 저력으로
플라스틱 영웅들이 '오늘'을 밀고 있다
트럭의 무게에 접착된 아등바등이 휘날린다

12월 24일

고요하고 거룩한 새벽을 걸어 봤니?
찬란한 메밀꽃 같은 숫눈의 밤을 걸어
전쟁이 끝난 도시에서
캐럴을 불러 봤니?

온 동네 아이들 모여 거룩하게 노엘노엘
합창을 불렀지만 모두 다 글썽였지
신들은 듣고 있을까
폐허 위 노래들을

매미처럼

어떤 때는
노래라 했고

어떤 날은
울음이라 했다

그리고
오늘 오후는

절규라고
적는다

세상에
눈을 뜨고서
더 캄캄해져 뱉은 외침

망초亡草

당신들의 언어는 번식력이 강하다
척박한 공간 안에 한마디 툭 던지면
주변을 초토화시켜 꽃처럼 활보한다

타고난 잔털이나 가시를 숨겨놓고
촛불을 밝혀 들던 12월의 광장으로
훅~ 뱉어 경보를 울린 객기 같은 한 마디

객토 위에 떨어졌던 한 포기가 근원이듯
작물과 잡초 사이 분간하지 못한다면
우리들 너른 벌판은 무엇으로 여름 날까

응답하라 까마귀

마을 앞 전깃줄에서 까마귀들 아우성이다

 이전엔 볼 수 없던 큰 무리의 출현으로 이목이 집중되며 사거리는 분분하다 쉬면서 말하기 좋은 데가 거기라니 탄핵의 언어들이 나부끼는 현장에서 언성을 높여가며 진똥을 갈겨 댄다 시위용 만장처럼 날개를 넓게 펴고 낮게도 높게도 날았다가 앉았다가 도로는 온통 똥밭이다 똥으로 말을 하듯

 평행한 두 줄에 앉아 뭔 낌새를 챈 것처럼

웃음에 관한 역설적 고찰

돼지머리가 선반 위에 줄지어 걸려있다
자욱이 드리워진 죽음의 냄새들
죽어도 웃어야 하는
운명을 주문한다

신장개업 번창 기원 미래를 의탁하며
합장 후 웃음 속에 현금을 꽂는다
세 번째 도전한 사업
호황일 수 있을까

간절한 눈동자에 서려 있는 샤머니즘
불황 속 내 주머니를 알고는 있는 걸까
한 잔 술 독하게 따라놓고 웃음과 결탁하는

오답노트에 관한 기록
— 서이초등학교 교사

그녀가 꿈꿨던 건 자살이 아닐 거야
유난히 저에게만 냉혹했던 운명 앞에
오기가 발동하기도 했을 거야 그랬을 거야

힘겹게 고시를 거쳐 선생이 되었지만
빗발친 악성 민원 단단한 벽에 갇혀
자신을 감당하느라 소신이 다 닳았겠지

물고 뜯던 손톱 같은 타향의 부임지에서
교권보다 높아진 인권에 떠밀려
바닥의 바닥을 살다 정정 못 한 그녀의 꿈

상생

1

입춘 지나 김씨가 트랙터로 봄을 간다

갓 깨어난 고랑을 백로가 뒤따른다

겁 없이

사람을 따라

앞서거니 뒤서거니

2

물을 댄 논 가운데 물떼새 보금자리

반 평 남짓 고여있는 공포가 꿈틀댄다

희귀종

장다리 보폭으로

트랙터가 회전한다

평화공원

전투기 옆에 꽃이라니

꽃은 또 붉더라니

사병들 도열하듯

칸나가 피어있다

매혹적 향기와 대치된 전쟁의 상흔 냄새

적이다

용서는 없다

팽팽히 맞서다가

저토록 흐드러진 칸나를 잃고 말

향기를 아는 사람이 깃발을 흔들 것이다

공생염전

소금밭으로 구름이 낮잠처럼 내려앉았다
대파*를 굴리는 염부의 팔뚝에서
하늘빛 구름 결정이 하얗게 일어났다

때마침 바람도 불어 볕은 잘 구워지고
일 년에 몇 안 되는 상품上品을 거뒀다며
좀처럼 만나기 힘든 어깨춤을 들썩인다

하늘과 바람과 바다를 밀며 산 사람들
칠십 년 증발된 순도 높은 실향처럼
이곳은 간수 쏙 빠진 마음의 개간지다

*소금밭에서 물을 미는 도구

어로漁撈

호시탐탐 개펄을
느릿느릿 훑고 있는

매화리 등 굽은
도요새 한 마리

아무리
나이 들어도

촌철살인
눈빛으로

벼락 맞은 남자

구전하는 얘기들을 모으는 중이었다
지긋한 노인들은 들은 게 없다면서
전설이 뭐 별거냐고 사는 게 전설이랬다

남자를 만난 건 '용머리'라는 동네였다
열 살 때 벼락 맞고도 멀쩡히 살아난 후
머리가 환해졌다고 다른 세상 들려준다

성경이며 천수경도 척척척 외우면서
기담을 매일매일 하나씩 늘려간다
몸속에 전설 속 전설이 자라고 있나 보다

해설

생명의 연대와 숙성의 시조 미학

황치복(문학평론가)

1. 자연의 율법, 혹은 생명의 공감

첫 번째 시조집 『공복의 구성』(고요아침, 2019) 이후 두 번째 시조집이다. 정제된 형식과 정갈한 언어라는 시인 특유의 시조 미학이 펼쳐지고 있는 것은 변함이 없다. 절차탁마의 과정을 통해 산출된 시조 작품들은 더욱 절제된 형식을 갖추게 되었고, 절묘한 언어들은 함축적 의미로 더욱 풍성한 울림을 지니게 되었다. 절제된 언어의 형식을 통해서 카오스를 코스모스로 정제하고, 변죽과 암시를 통해서 무한한 시적 공간의 확장을 꾀하는 현대시조의 미학을 누구보다 잘 체득하고 있는 장면이 아닐 수 없다. 무리 없이 자연스럽게 전개되는 시상의 전개는 시조의 물 흐르듯 전개되는 호흡과 보법을 실현하고 있으며, 밀었다 끌어당기는 절묘한 시조의 가락을 구현하고 있다.

여기에서 표문순 시인의 도드라진 시조 미학의 특장점을 하나 더 덧붙인다면, 바로 우리말의 감각과 뉘앙스를 살린 절묘한 활용이라고 할 만하다. 현대시라고 해서 순수한 우리말의 절묘한 어감과 느낌를 구현할 수 없다는 것은 아니지만, 대체로 실험과 모험을 추구하는 아방가르드적 경향에 경사되는 현대시에 비해서 창조적 전통을 중시하는 현대시조에서 그러한 특장점이 발휘되기에 적절한 것으로 보인다. 시인의 절묘한 우리말의 활용에 대해서는 시편 여러 곳에서 발견할 수 있지만, 예컨대 "마주 앉은 밥상머리/ 온전히 씹지 못하고/ 표정만 바라보며 마음을 오물거리다/ 어물쩍 넘기고 마는 헐렁한 모경暮景 한 끼(「모경暮景」)라는 연시조의 한 부분만 보아도 그 실상을 파악할 수 있다. 구순의 노모와 칠순의 아들이 저녁 식사 한 끼를 해결하는 모습을 묘사하고 있는 이 장면의 "표정만 바라보며 마음을 오물거리다"라는 대목에서 우리는 입술을 자꾸 굼뜨게 움직여 말하는 노모의 모습이라든가 입안에 든 음식을 이리저리 굴리면서 조금씩 자꾸 씹는 모습, 그리고 속 시원하게 하지 못하고 하는 둥 마는 둥 하고 마는 저녁 식사를 바라보는 칠순 아들의 형언하기 어려운 복잡한 마음의 무늬를 읽어낼 수 있다.

이 시조집에서 보여주는 시인의 주된 관심사는 『저음의 슬픈 연대』라는 시조집의 제목처럼 세상의 가장자리 낮은 곳에서 살아가는 여리고 궁핍한 존재자들이 서로 공감하고 연대하는 현상이라고 할 수 있는데, 시인의 포근한 시선이 시조집을 가득 채우고 있어서 잔잔한 감동을 선사한다. 시인은 유독 힘없고 곤궁한 존재자들이 처한 현실에 대해 따스한 눈빛으로 주목하고 있으며, 그들이 의존하는 삶의 방식으로서 연대와 연민의 가치를 부조하는데, 이러한 시인의 시 의식이 이번 시조집에 독특한 시조 미학을 생성시키고 있다. 가녀린 생명들이 서로 의지하며 공생하는 장면에서 뿜어져 나오는 애틋한 정동이 시인의 시조 미학을 그윽하고 풍요롭게 만들고 있는 것이다.

다른 한편으로 이 시조집은 시간의 누적이 가져오는 다양한 변화에 주목한다. 길들고, 단련되고, 익숙해지는 과정, 그리고 그러한 과정에 발산하는 다양한 정동에 대해서 특별한 관심을 경주하는 것이다. 이러한 시적 관심이 가장 잘 드러나는 것이 바로 '발효'의 과정이라고 할 수 있을 터인데, 그것은 시간이 빚어내는 예술이라는 점에서도 주목되지만, 무엇보다 그것은 연금술처럼 인간의 내면에 특별한 정동을 형성하고, 그것을 지켜보는 독자들도 그러한 정동의 자장 안으로 빨려들게 되기 때문이다. 시간의 예술은 항상 생산적이지만은 않고 곤혹스러운 국면도 산출하는데, 파괴적인 시간의 힘에 의해서 산출되는 결과 역시 유한한 실존적 상황을 공유하는 독자들에게 무한한 정서적 공감을 유도한다는 점에서 시인의 그윽한 시조 미학의 한 면모를 유감없이 보여주는 장면이라 할 수 있다. 그러면 자연과 생명의 교감에 대한 시인의 독법부터 살펴보도록 하자.

>무른 나의 몸에서
>노래가 자라고 있다
>
>껍질과 껍질 사이를
>흐르는 음률들
>
>시리게 계절을 건너면
>코끝이 시큰하다
>
>겨우내 온몸 비틀어
>빠져나간 박자들이
>
>단단하게 남겨놓은
>악보를 찾아와서
>
>물오른 봄날이 되면
>삐삐삐 홀릴 것이다
>
>그늘을 즐겨 찾던
>하오쯤 사람들이

바람과 몸 비비는
빨래같이 가붓한 날

한 가지 꺾어서 불던
언덕을 춤출 것이다
— 「버드나무」 전문

 "무른" 버드나무의 "몸"에서 자라는 "노래"라든가 "껍질과 껍질 사이를/ 흐르는 음률"은 자연의 질서로서의 리듬, 혹은 율동을 의미한다. 버드나무는 단순히 홀로 존재하는 것이 아니라 자연의 질서를 생성하면서, 또 자연의 리듬을 실현하면서 생명 현상을 영위하고 있는 셈이다. 그러니까 생명이란 단순히 개체적 차원의 고립적 영위가 아니라 자연의 호흡과 맥박을 구현하고 체현하면서 이루어지는 것이 된다. 그래서 시적 맥락에 의하면 버드나무는 자연의 이치로서의 리듬인 "악보"를 몸에 간직하고 있으며, 겨울이 되면 '박자'들이 빠져나가 고요에 들었다가 봄이 되면 다시 찾아와 음악을 연주한다. 시상의 전개에 의하면 봄이 되어 버드나무가 연주하는 음악은 사람들에게도 감응을 일으켜 춤추게 하는데, 지금까지의 시적 논리에 의하면 사람들의 응답 또한 자연이 연주하는 음률, 혹은 코스모스를 실현하는 기제라고 할 수 있다. 버드나무 한 그루를 통해서 자연의 이법과 원리를 읽어내는 시인의 눈이 범상치 않음을 확인할 수 있거니와 자연의 일부인 인간의 몸 또한 그러한 이치의 발현이 아닐 수 없다.

> 달 속에서 자라던 붉은 꽃잎 떨어지면
> 우주와 만나는 우화를 오려 엄마는
> 열세 살 시트 위에다 감쪽같이 수를 놓았다
>
> 달이 필 때마다 늘어나던 내간체
> 먼 잠을 덮고 있던 촘촘한 별들이
> 미숙한 나의 우주를 경영하곤 했었다
>
> 불규칙한 주기까지 모녀가 닮았어도
> 헌 달이 새달을 향해 징검돌처럼 건너와
> 숭고한 청춘의 기록 빛나게 일궈놓는다
> ―「달의 기록문」 전문

여성 몸의 신비이자 생명의 비밀인 생리 현상을 "우주와 만나는 우화"라든가 "먼 잠을 덮고 있던 촘촘한 별들"과 연결시키고 있는 상상력이 신선하다. 이로 인해 생명의 근원인 여성의 달거리는 "달 속에서 자라던 붉은 꽃잎[이] 떨어지"는 현상으로서 우주와 관여하는 현상이자 우주의 숙성을 표현하는 것이 된다. 비록 "불규칙하"기는 하지만 그것은 우주의 "주기"를 반영한다는 점에서 우주의 운행 법칙을 체현하고 있는 현상이 되며, "헌 달이 새달을 향해 징검돌처럼 건너"온다는 점에서 주기적 반복으로서 리듬의 구현이며, 코스모스의 발현이 되는 셈이다. 시인은 "촘촘한 별들이/ 미숙한 나의 우주를 경영하곤 했었다"라고 하면서 우주의 별들과 나의 몸이 보이지 않는 섭리로 연결되어 있음을 암시하면서 나 또한 하나의 소우주로서 대우주의 법칙과 원리를 반영하고 있음을 시사하는데, 이러한 대목은 자연이 교감과 조응의 상호작용을 통해서 하모니를 연주하고 있음을 보여주고 있다. 깊은 통찰에서 우러나는 아름다운 장면이 아닐 수 없다. 중요한 점은 자연은 연결되어 있으며, 서로 조응하고 있다는 것인데 이러한 현상을 그린 작품들이 이번 시조집에서 유독 빛을 발한다.

창 너머 담에서
참새가 나를 본다

내가 저를
보는 것처럼
저도 나를
들여다 본다

어리는
눈시울의 성분
훤히 다 읽고 있다
— 「순행동화」 전문

휠체어가 관리하던
어머니께 봄이 왔다

조금씩 물러나 앉은
무릎과 문의 경계

베란다
바깥(外)과 안(內)이
서로를 비틀고 있다
— 「퇴행성 베란다」 전문

  자연과 인간의 동화 현상을 다룬 시편들인데, 두 편 모두 정갈한 형식의 단시조지만 큰 울림을 가지고 있는 작품들이다. 「순행동화」는 창을 경계로 참새와 내가 서로를 들여다보는 풍경을 시화하고 있는데, "내가 저를/ 보는 것처럼/ 저도 나를/ 들여다 본다"라는 장면처럼 서로 마주 보고 있는 조금은 단순한 풍경을 보여줄 뿐이다. 어찌 보면 평범한 이러한 장면이 시적 감동을 자아내는 것은 발상의 전환 때문이다. 우리는 항상 대상에 대해서 주체가 바라본다고 생각하지만, 대상이 주체가 되어 객체인 나를 바라본다고 생각하지 않는데, 서로 마주 본다는 발상은 독립된 개체의 상호주체성을 인정하는 것이다. 더욱 주목되는 점은 "어리는/ 눈시울 성분/ 훤히 다 읽고 있다"는 대목인데, 이러한 장면에는 이심전심으로 서로의 내면을 읽으며 소통하고 있는 심문心紋의 모습이 아로새겨져 있다.

더욱 감동적인 작품은 「퇴행성 베란다」인데, 여기서는 '봄'과 '노모'의 교감이 큰 울림을 자아낸다. "휠체어가 관리하던/ 어머니께 봄이 왔다"는 구절을 보면, 어머니는 퇴행성 관절염을 앓고 있어서 더 이상 서서 거동하기 어렵고, 그래서 휠체어에 의지해야 할 정도로 활기를 잃었으며, 노년의 퇴화로 인해서 생명의 끝을 향해 다가가고 있음을 알 수 있다. 그래서 그런 어머니에게 찾아온 봄은 잔인한 면을 지니고 있는데, 다시 찾아온 봄은 순환론적 질서를 내세우면서 어머니의 유한성을 더욱 부조하기 때문이다. "조금씩 물러나 앉은/ 무릎과 문의 경계"라는 표현에는 이러한 사실에 대한 어머니의 관조와 체념의 시선이 담겨 있다. 하지만 "베란다/ 바깥(外)과 안(內)이/ 서로를 비틀고 있다"는 표현을 보면,

자연의 질서를 상징하는 봄이라는 계절과 죽을 운명을 짊어진 유한한 인간이 어찌할 수 없는 법칙에도 불구하고 서로 직면한 현실을 일그러뜨리고 있는 장면을 목격할 수 있다. 엄격한 순환적 질서라는 원칙을 유지해야 하는 봄은 일회적 순간성의 어머니로 인해서 그 원칙에 손상을 입고, 어머니 또한 봄의 항구적 리듬에 참여할 수 없는 일회적 운명을 순순히 수용하는 데에 상처를 입게 되는 것이다. 그러니까 봄과 어머니는 서로 대립되는 자질들의 충돌과 대립이라는 현상을 보여주는 것인데, 더 큰 관점에서 보면 그것은 순환성과 선조성線條性, 혹은 항구성과 순간성의 대립적 자질들이 노끈처럼 꼬이면서 또 다른 커다란 질서를 형성하고 있는 모습이기도 하다. 이 모든 시적 정취가 '비틀다'라는 시어 하나로 인해서 야기되는 것을 생각해 보면, 시인의 언어적 감각에 대해 감탄을 금할 수 없다.

영안실 화장실에서
곡哭소리 터져나온다

그녀 대신 울고 있는
귀뚜라미 한 마리

보일 듯 보이지 않는

저음의 슬픈 연대

통곡의 방향에서
봇물처럼 뻗어오던

울림과 떨림 안고
당도한 격정과 설움

새벽녘 잠들지 못한
별들이 다 젖는다
— 「청취」 전문

앞서 분석한 작품들에서처럼 시인은 다른 시편에서도 "방향과 목적이 정해져 있지 않지만/ 한 번도 發狂을 시도한 적 없지만/ 자꾸만 發光 앞에서 안쪽이 꿈틀한다"(「發光과 發狂 사이」)라고 하면서 수시로 자연의 자극에 대해서 반응하면서 교감을 표출한다. 자연이 행하는 빛의 발산에 대해서 격렬한 행동과 몰입의 심적 상태를 고백하고 있는 이러한 장면은 자연에 대한 인간의 반응을 잘 보여준다. 인용된 시조 작품은 인간의 사건에 대한 자연의 조응과 응답을 보여준다. 한 사람이 죽었다는 것, 그로 인해서 "그녀"는 깊은 슬픔에 잠겨 있는데, 그녀를 대신해서 '귀뚜라미'라든가 '별들'

이 그 슬픔에 동참해서 "저음의 슬픈 연대"를 보여주고 있다는 것이 시적 메시지의 대강이다. "영안실 화장실"에서 귀뚜라미가 곡소리를 내고 있다거나 그러한 울음소리에 "새벽녘 잠들지 못한/ 별들이 다 젖"고 있다는 발상은 한 사람의 죽음이 초래한 우주적 공감과 연민의 상상력을 보여주고 있다. 그것은 마치 작가 헤밍웨이가 『누구를 위하여 종은 울리나』라는 작품에서 인용했던 존 던John Danne의 시구, 즉 "모든 인간은 대륙의 한 조각이며, 전체의 일부이니 흙 한 덩이가 바닷물에 씻겨 내려가면/ 유럽 땅은 그만큼 줄어들기 마련이다"라는 구절처럼 하나의 생명이 지닌 우주적 가치에 대한 공감을 함축하고 있다. 표문순 시인이 구현하고 있는 자연과 인간의 교감이 아름다운 것은 그것들이 생명의 가치를 현현하고 있을 뿐만 아니라 어우러짐의 하모니라는 아름다움이 심미적 가치를 담보하고 있기 때문이기도 하다.

2. 발효, 혹은 덜어내는 시간

자연이 지니고 있는 섭리, 그리고 자연과 인간의 교감이 자아내는 아름다운 하모니의 시편들에 대해서 살펴보았는데, 어떤 경우든 자연과 인간이 서로 마주 보고 조응하는 장면에서 시적 울림과 감흥이 생겨나는 것을 확인할 수 있었다. 그러니까 시인이 구축하고 있는 시조 미학은 바로 공감과 화음의 심미적 가치라고 할 수 있을 터인데, 이러한 미학의 기본적 자질은 자연에 대한 깊은 통찰에서 야기되는 것이다. 한편, 이번 시조집의 시편들 가운데 많은 작품들이 노년과 얽혀 있는 것을 보면, 시간이야말로 시인의 주된 관심사이자 미학적 가치를 발산시키는 중요한 기제임을 추측할 수 있다. 특히 시간의 축적이 생성하는 변화, 그리고 그러한 변화가 발산하는 인생의 가치에 대한 시인의 통찰이 잔잔한 감동을 자아낸다. 이러한 과정은 시간의 누적이 초래하는 화학적 변화를 지칭하는 '발효'의 미학이라 할 만하며, 시인의 시적 숙성과도 연결되어 있다.

    펑퍼짐한 소금 주머니
    사발 위에 괴어놓고
    동여맨 나일론 끈 풀어볼 생각도 말고

    잊은 듯
    몇 해 놔두면
    단맛이 들 거란다

    든다는 건 기다리는 것

오래도록 덜어내는 것
짠 것과 쓴 것들 일테면 눈물 같은

애간장
다 내리고 나면
혀끝에서 만나는
— 「단 소금」 전문

  짠 소금이 달게 된다는 것은 소금의 내적 자질들에 변화가 생겼기 때문이다. 이러한 변화에는 "동여맨 나일론 끈 풀어볼 생각도 말고// 잊은 듯/ 몇 해 놔두면/ 단 맛이 들 거란다"라는 구절에서 알 수 있듯이 무심과 무념의 마음 자세가 요구되고, 오랜 시간의 흐름이 필요하다. 시인은 다시 "든다는 건 기다리는 것"이라고 하기도 하고, "오래도록 덜어내는 것"이라고 덧붙이기도 한다. 든다는 것은 밖에서 속이나 안으로 향해 가거나 오는 것, 혹은 어떤 것이 안으로 들어오는 것을 지칭한다는 것을 생각해 보면, 든다는 것이 "오래도록 덜어내는 것"이라는 진술은 형용모순처럼 보인다. 그런데 "짠 것과 쓴 것들 일테면 눈물 같은" 것들을 덜어내는 것이라는 부연 설명을 듣고 보면 납득이 안되는 것도 아니다. 소금의 내부에 자리잡고 있는 짠 것과 쓴 것들을 덜어내면 단맛이 남는다는 것인데, 든다는 것이 성숙과 여묾을 의미한다고 할 때, 그것은 가득 채우는 것으로 생각하기 쉽지만, 사실은 비우는 것에서 유래한다는 셈이다. 시인은 다시 "애간장/ 다 내리고 나면"이라고 하면서 애타게 속을 태우는 근심과 걱정을 비워야 한다고 암시한다. 애타게 하는 것이 곧 근심과 걱정이고, 그러한 것들은 짠 것과 쓴 것에 해당할 것이며, 시인이 다른 시편에서 "둥근 몸과 모난 몸의 극적인 차이"(「낯선 온도-갱년기」)라고 할 때의 '모난 몸'에 해당할 것인데, 그것을 깎고 다듬어서 '둥근 몸'이 되는 것이 성숙을 이루는 일이며, 그것은 곧 비우는 작업이기도 한 셈이다. 소금과 관련된 뛰어난 시편이 한 편 더 있는데, 더욱 감동적이기도 하다.

> 소금밭으로 구름이 낮잠처럼 내려앉았다
> 대파를 굴리는 염부의 팔뚝에서
> 하늘빛 구름 결정이 하얗게 일어났다
>
> 때마침 바람도 불어 별은 잘 구워지고
> 일 년에 몇 안 되는 상품上品을 거뒀다며
> 좀처럼 만나기 힘든 어깨춤을 들썩인다
>
> 하늘과 바람과 바다를 밀며 산 사람들
> 칠십 년 증발된 순도 높은 실향처럼

이곳은 간수 쏙 빠진 마음의 개간지다
— 「공생염전」 전문

 "공생염전"이라는 제목은 공생을 하는 염전이라는 의미일 텐데, 시적 맥락으로 보면 염부와 소금이 공생하는 터전으로서의 염전을 상정할 수 있다. 실제로 "대파를 굴리는 염부의 팔뚝에서/ 하늘빛 구름 결정이 하얗게 일어났다"는 표현을 보면 소금과 염부는 한 몸처럼 되어서 함께 공생하고 있다. 소금은 "때마침 바람도 불어 볕은 잘 구워지고"라는 표현처럼 "하늘과 바람과" 햇볕이 작용하여 생성되며, 1년이라는 시간의 숙성이 작용해야 하기도 한다. 그러니까 소금은 자연이 오랜 시간 바닷물을 증발시키고 간수를 빼내어 완성한 하나의 작품이라고 할 수 있다. 그런데 "칠십 년 증발된 순도 높은 실향"이라든가 "이곳은 간수 쑥 빠진 마음의 개간지"라는 표현을 보면, 염전이란 곳이 소금만을 만들어내는 곳은 아니며, 소금과 같은 순도 높은 결정체와 유사한 염부의 마음을 만들어내는 터전이기도 하다는 점을 발견할 수 있다. 특히 "칠십 년 증발된 순도 높은 실향"이라는 표현을 음미해 보면, 염전이야말로 염부의 진정한 고향이라고 할 수 있으며, 염전이 염부의 진정한 고향이 된 것은 소금의 생성이 햇볕이 바닷물을 졸이고 달여서 간수를 빼는 과정이듯이, 염부가 고향에 대한 상실감을 어르고 달래서 극복하고 염전을 진정한 마음의 고향으로 삼게 되는 과정이 있었음을 읽어낼 수 있다. 그러니까 염전은 "마음의 개간지"로서 염부가 마음을 갈고 닦은 터전인 셈이며, 그러한 과정은 소금이 불순물과 간수를 제거하고 맑고 고운 결정체가 되는 과정과 일치하는 것이다. 그러니까 염전은 절차와 탁마를 거쳐 맑고 고운 경지에 이르는 과정을 공유한다는 점에서 소금과 염부가 공생하는 터전이라고 할 수도 있는데, 이처럼 맑고 고운 "마음의 개간지"를 만드는 칠십 년의 시간을 생각해 보면, 염부의 구도求道와도 같은 생애가 감동적이지 않을 수가 없다. 중요한 것은 이러한 구도의 길이 결국 "증발된 순도"라든가 "간수 쑥 빠진 마음"이라는 표현처럼 덜어내고 비워내는 과정이라는 점이다.

> 지금은 내 몸이 분할하는 중이다
> 수축과 팽창을 거듭했던 마음의 살
> 비대한
> 질량과 부피
> 조금씩 덜어낸다
>
> 이별 후 찾아온 폭식증 때문에
> 출구를 닫아버린 애증의 분화구

이제는

나만의 감옥에서

벗어날 수 있을까

동물성을 치유하려 식물성만 공양한다

비운다 내려놓는다 잊는다 가벼워진다

보시

무無를 향한 동사

몸속에 가득찬다

―「템플스테이」 전문

　덜어내고 비워내는 과정이 해탈의 과정이며 충만의 계기일 수 있음을 역설하고 있다. 시인이 처한 시적 상황에 대한 묘사를 보면 그 절망감을 실감할 수 있다. "이별 후 찾아온 폭식증"이라든가 "출구를 닫아버린 애증의 분화구"라는 구절이 그러한 상황을 대변해 주는데, 탈출구 없는 상황에서 휴화산의 내면처럼 들끓고 있는 화염이 눈에 보이는 듯하며, 그런 상황에서 설상가상으로 연소의 재료를 제공하는 '폭식증'이라는 구도가 "나만의 감옥"이라는 표현을 실감나게 한다. 시인이 택한 전략은 몸의 속성을 동물성에서 식물성으로 변모시키는 것, 그리하여 "질량과 부피"를 "조금씩 덜어내"는 것이다. 나만의 감옥 속에서 탈출구를 잃고 가득 차 있는 화염이 질량과 부피의 원재료라고 할 때, 그것을 비워내고 덜어내는 것이 해방의 기제가 되는 것은 당연하다. 그리하여 시인은 "비운다 내려놓는다 잊는다 가벼워진다"라는 "무無를 향한 동사"로 몸을 가득 채운다. 시인은 이러한 동사들이 "몸속에 가득찬다"라고 표현하고 있는데, 이러한 표현은 매우 역설적이다. 채우는 동사라는 것들이 모두 비우고 덜어내는 것들이라는 점에서 이러한 동사로 가득 채운다는 것은 역설적으로 온몸을 텅 비우는 결과를 초래하기 때문이다. 그런데 다시금 역설적인 것은 이러한 비움의 언어들이 내면을 가득 채움으로써 마음의 영토가 한없이 넓어진다는 것이다. 사실 이러한 장면은 불교에서 말하는 즉비卽非의 논리를 바탕으로 하고 있다. 즉비卽非의 논리란 어떤 개념이나 명제를 세웠다 하면 세운 즉시 그것을 다시 부정, 혹은 지양함으로써 어떤 대상에 집착하지 않고 초월하도록 돕는 초월의 논리학이다. 그러니까 가득 채우는 것이 텅 비우는 것이며, 텅 비우는 것이 가득 채우는 것이라는 논리가 성립하는 것이다. 마지막으로 주목되는 표현이 "보시시"라는 어휘인데. 이것은 물론 '포근하게 살며시'라는 의미로 사용된 것이지만, '보시'라는 어휘가 불교에서 말하는 자비심으로 조건 없이 재물이나 지혜를 베푸는 행위를 의미하여 공덕을 쌓고 마음을 정화하는 수행을 연상시키기도 한다. 비우고 채우는 즉비의 실천은 자신의 몸에 대한 공덕일 수 있는 것이며 내적인 성숙의 과정일 수 있는 것이다.

> 코청에 느닷없이 커다란 구멍 뚫어 펄펄 뛰던 한평생을 고리로 옭아놓고 고삐를 조절하던 사내와 눈 맞듯 하나가 된다
>
> 둥글게 말렸지만 날카로운 촉鏃을 가진 굴레의 선홍빛 몸부림을 목격한 후 나에게 스며들고 있는 은유를 허락했다
>
> 사내의 묵정밭이 한숨으로 깊어지고 얼큰히 취한 별이 새벽까지 휘청댈 때 울음만 긷던 어린 나는 비로소 어른이 된다
> ─「코뚜레」 전문

송아지의 성장 과정을 알레고리로 하여 내면의 성숙 과정을 그린 작품이다. 송아지가 성숙한 어미 소로 성장하기 위해서는 코청을 뚫어서 기운 코뚜레가 필요한 것처럼 시인이 성숙하기 위해서는 "고삐를 조절하던 사내와 눈 맞듯 하나가 되"는 과정이 필요하다. 물론 이러한 과정은 굴레라든가 고삐라는 어휘가 암시하듯이 자유의 구속과 억압을 내포하고 있는데 이것도 성숙을 위한 하나의 과정이라는 점에서 고통과 성숙은 불가분의 관계로 얽혀 있는 셈이다. 그런데 시인은 "날카로운 촉鏃을 가진 굴레의 선홍빛 몸부림을

목격한 후 나에게 스며들고 있는 은유를 허락했다"라고 하면서 굴레의 고통에 대해 자각하면서 자신의 굴레를 수용하는 자세를 보인다. 이러한 태도에는 타자에 대한 이해와 관용의 마음이 담겨 있다는 점에서 역시 마음의 영토 확장을 내포한다. 특히 "나에게 스며들고 있는 은유"라는 대목이 주목되는데, 이러한 표현은 물론 숙명적으로 나에게 주어지는 구속의 굴레를 허용한다는 의미를 지니고 있지만, '은유'라는 어휘에 남에게 은혜를 베풀어서 용서한다는 뜻이 있다는 것을 생각해 보면 관용과 포용의 정신을 읽어낼 수 있다. 이 시조 작품에서 가장 주목되는 지점은 "어린 나는 비로소 어른이 된다"는 구절인데, 어른으로의 성숙이 "사내의 묵정밭이 한숨으로 깊어지고 얼근히 취한 별이 새벽까지 휘청댈 때"를 자각한 후에 이루진다는 점에서 타자의 고통에 대한 공감이 성숙의 가장 중요한 기제로 부상한다. 결국 '코뚜레'가 가장 중요한 은유적 장치라고 할 수 있는 바, 그것은 자신의 성숙을 가져오는 구속과 억압이기도 하지만 타자와 자아를 묶는 관계의 자장으로서 궁극적으로 내면의 성숙을 가져오는 굴레이기도 하다. 그리고 이러한 과정은 곧 숙성과 발효의 과정으로서 시간의 누적이 초래한 결과라고 할 수 있다. 마지막으로 시간의 누적이 초래하는 숙성의 모습을 다룬 시편을 읽어본다.

> 길이 든다는 건
> 한 편에 가깝다는 것
> 기계도 함지박도 앉은뱅이 의자도
> 겹겹이 때가 묻어서 마음 붙이는 단골집
>
> 이 집만 고집하는
> 길이 든 사람들이
> 가을볕이 털어 준 수확물을 이고 와선
> 진짜로 고소한 얘기 생기름 짜듯 하염없다
>
> 다녀간 사람들의
> 바짝 으깬 수다처럼
> 이웃한 비둘기도 한 방울 인심처럼
> 눈치듯 어슬렁거리다 발을 슬쩍 얹는다
> ―「닭전 기름집」전문

"길이 든다는 것"이 문제의 초점이다. 시인에 의하면 그것은 "한 편에 가깝다는 것"이라고 하는데, 이러한 진술은 곧 닮게 된다는 것을 의미한다. 하나의 동아리를 이루듯이 동일한 속성을 공유하게 된다는 것이다. 물론 이처럼 길이 들고, 한 편에 가깝게 되기 위해서는 오랜 시간의 접촉과 경험이 필요하다. 시인이 "기계도 함지박도 앉은뱅이 의자도/ 겹겹이 때가 묻어서 마음 붙이는 단골집"이라고 할 때, 단골집을 구성하는 기구들인 기계라든가 함지박, 앉은뱅이 의자들은 모두 오랜 시간을 함께해서 서로 닮게 되고 길이 들게 된 것들이다. 이 대목에서 우리는 '오래된 물건은 도깨비가 된다'는 속담을 생각하게 되는데, 이러한 속담은 오래된 것에 신성이 깃든다는 표현으로 이해할 수 있다. 이 시에서는 "마음 붙이는 단골집"이라고 하기도 하고, "이 집만 고집하는/ 길이 든 사람들"이라고 하면서 사물들이나 사람들이 오래되어 길이 들면 마음을 붙이게 되어 동화와 합일이 이루어지게 됨을 강조한다. 시적 공간에서 단골집의 속성으로 제시된 "고소한 얘기 생기름"이라든가 "바짝 으깬 수다" 등의 이미지들은 화학적 결합으로서의 융합의 의미를 함축하고 있는데, "눙치듯 어슬렁거리다 발을 슬쩍 얹는" 비둘기의 모습은 그러한 동화와 융합의 효과가 개방되어 있으며, 어떠한 경계도 초월할 수 있음을 암시한다. 시간의 축적과 성숙이 그 자장 안에 있는 존재자들의 하모니를 자아낼 수 있음을 알 수 있다.

3. 늙는다는 것, 혹은 노화의 울림과 정동

표문순 시인에게 시간의 누적을 통해서 숙성된다는 것, 그리고 성숙한다는 것은 비우고 덜어내는 과정을 통해서 맑고 고운 결정체로서의 소금이 되는 과정과 같다는 것, 그리고 비우고 채우는 과정을 통해서 마음의 영토를 확장하는 것이라는 사실을 알아보았다. 또한 시간의 누적의 다른 양상인 길이 든다는 것, 혹은 어른이 된다는 것은 타자를 이해하고 포용하는 관계를 형성하는 것이며, 동화와 융화를 통해서 하모니를 이루는 과정임을 알 수 있었다. 그러나 시간이 쌓인다는 것이 인간적인 입장에서 반드시 긍정적일 수 없는데, 그것은 곧 노화이자 퇴화이기도 하기 때문이다. 하지만 시인은 이러한 노화 현상에서도 심미적 가치를 발굴하고 그것을 음미하는데, 노화는 인간이 근원적 한계에 직면했을 때 경험할 수 있는 정동의 원천이기도 하기 때문이다.

> 입술이 까맣도록 앞니가 빠져있는
> 노인의 웃음에서 환희를 보았다
> 무작정 물들어 있으니 덩달아 환해진다
>
> 헐거운 잇몸으로 조음된 언어들이
> 자꾸만 오므라드는 말허리를 툭툭 찬다
> 몰라도 알 것만 같은 마음을 오물거린다
>
> 처져있는 눈빛과 느슨한 주름살
> 광대뼈가 괴고 있는 단단한 이력들

짙어서 더 깊어지는 오래된 윤곽의 힘
— 「어떤 자화상」 전문

　노년의 얼굴이 머금고 있는 아우라를 그리고 있다. "앞니가 빠져 있는", 그리고 "자꾸만 오므라드는", "마음을 오물거린다" 등의 시적 표현들은 노년의 삶이 상실과 수축의 과정임을 시사한다. 특히 "처져있는 눈빛과 느슨한 주름살"이라는 묘사를 보면, 중력에 저항할 힘을 잃고 늘어지고 이완되는 모습을 확인할 수 있는데, 이러한 모습은 생기와 활력을 잃은 모습으로서 노년의 어두운 면에 해당한다. 하지만 시인은 "노인의 웃음에서 환희를 보았다"라거나 "무작정 물들어 있으니 덩달아 환해진다"고 하면서 밝고 긍정적인 에너지를 발견한다. 또한 "광대뼈가 괴고 있는 단단한 이력들"이라거나 "짙어서 더 깊어지는 오래된 윤곽의 힘"이라고 하면서 노년의 삶이 단단한 토대를 지니고 있으며 깊은 정취를 지니고 있음을 강조한다. 시간이 그려낸 빛과 어둠이라는 다른 자질들은 상대방을 선명하게 부조하는 효과를 지니고 있는데, 이 시에서 강조하는 이러한 미학적 자질은 한마디로 음영陰影의 효과, 즉 음音이라든가 색조, 감정 따위의 미묘한 차이로 인해 드러나는 깊이와 정취의 미학적 효과라고 할 수 있을 것이다.

별도 달도 뜨지 않는 그녀의 우주에는
오래전 궤도를 이탈한 곤욕이 살고 있다
대소변 받아낼 때마다 불시착하는 수치심

아랫도리 환하게 열리는 순간마다
무중력 지점에서 자꾸만 떠오르는데
그녀는 혼신을 다해 자아를 붙잡는다

어쩌면 그것은 체념일지 모르겠다
죽음이란 블랙홀에 빠지지 않으려고
혼자서 유영하고 있는 먼 행성의 우주인
— 「우주복」 전문

  우주복이란 아기나 어린아이가 입는, 위아래가 하나로 이어져 있는 옷을 지칭하지만, 우주 비행사가 우주여행을 할 때 입도록 특수하게 만든 옷을 의미하기도 한다. "그녀"가 입고 있는 옷은 물론 어린아이가 입는 우주복으로써 환자복의 일종일 테지만, 이 시의 우주적 상상력과 조우하면서 우주복을 입은 그녀는 실제로 우주인의 면모를 지니게 된다. 그런데 그녀가 "먼 행성의 우주인"으로서의 우주인이 된 것은 "궤도를 이탈한 곤욕"과 "대소변 받아낼 때마다 불시착하는 수치심" 때문이다. 그래서 "아랫도리 환하게 열리는 순간마다/ 무중력 지점"을 택해서 떠오르게 되는데, 이러한 현상에는 곤욕과 수치를 피하여 지상을 벗어나고 싶은 심리가 개재되어 있다. 그러나 지상을 영원히 벗어난다는 것은 "죽음이란 블랙홀에 빠"져드는 일이기에 그녀는 지상을 마음 놓고 시원히 벗어날 수도 없다. 이러한 딜레마적 상황이 "혼자서 유영하고 있는 먼 행성의 우주인"이라는 초상이라고 할 수 있다. 우주복을 입고서 지상과 우주 사이를 유영하고 있는 삶이란 수치심과 죽음 사이를 헤엄치면서 부평초처럼 떠 있는 형국이다. 이는 노년이 처한 극한의 상황이라 할 수 있는데, 그러한 극한은 곧 "우주인"의 정서적 극한이기도 하며, 독자의 그것이기도 하다. 마지막으로 시간의 예술과 관련된 작품을 읽어본다.

> 주름만큼 오래된
> 틀니를 입에 물고
> 몇 숟가락 뜨지 못할 감각에 집중하며
> 절반을 흘리고 마는 구순에 든 어머니
>
> 금방 만든 보철물을
> 사탕처럼 굴리면서
> 선홍빛 앞니들이 물고 떠난 발음을
> 국그릇 한가득 말아 뜨고 있는 칠순 아들

마주 앉은 밥상머리
   온전히 씹지 못하고
   표정만 바라보며 마음을 오물거리다
   어물쩍 넘기고 마는 헐렁한 모경暮景 한 끼
   ―「모경暮景」 전문

 시적 공간을 채우고 있는 심상은 흐물흐물한 이미지, 혹은 느슨하고 헐렁한 이미지이다. 이러한 이미지들이 바로 저물녘의 풍경이 되는 셈인데, 그것은 또한 "구순에 든 어머니"의 삶과 칠순에 접어든 아들의 삶의 끝자락 모습이기도 하다. 그들의 삶을 요약해 보면, "몇 숟가락 뜨지 못할 감각"처럼 오감이 이미 무뎌져 있으며, "선홍빛 앞니들이 물고 떠난 발음"처럼 구사하는 언어들이 의미를 맺지 못할 정도로 해체되어 있다. 이들의 삶이 이처럼 무뎌지고 해체된 것은 "주름만큼 오래된/ 틀니를 입에 물고" 있기 때문이며 "금방 만든 보철물을/ 사탕처럼 굴리면서" 자신의 몸이 아니라 외적인 보조 수단에 의존하고 있기 때문이다. 이들의 몸이 일그러지자 외부의 수단들이 차지하기 시작한 것이다. 그래서 그들은 "마주 앉은 밥상머리"에서 "온전히 씹지 못하고/ 표정만 바라보며 마음을 오물거"린다. 여기서 "마음을 오물거리다"라는 표현이 눈길을 끄는데, 그것은 이러한 상황을 애타게 음미하면서도 대안이 없고, 그래서 어찌할 수 없으면서도 쉽사리 현실을 인정할 수도 없는 마음의 미세한 움직임들을 전해준다. 더욱 주목되는 곳은 "어물쩍 넘기고 마는 헐렁한 모경暮景 한 끼"라는 대목인데, 온전히 씹지 못하고 끼니를 흐지부지 흐리멍덩하게 하는 모양을 부조하기도 하지만, 그것이 또한 저물녘 풍경이라는 점에서 서서히 어둠에 잠식해 들어가는 저녁노을의 장면을 연상케 하는데, 이러한 장면은 노년이라는 시간이 내포하고 있는 정한의 정동을 함축하고 있는 풍경이기도 하다.

이상으로 표문순 시인의 두 번째 시조집의 시조 미학을 살펴보았다. 자연의 섭리에 대한 경이와 인간과 자연의 교감이 만들어내는 하모니, 그리고 시간의 흐름이 만들어내는 숙성과 노화의 정동에 이르는 길이 시인의 두 번째 시조집의 궤도였다. 이 과정에서 시인은 아름다운 우리말의 절묘한 배치와 구도를 통해서 그러한 시조 미학에서 발산되는 미세한 정동의 흐름을 포착하고 있었다. 섬세한 관찰과 사유, 절묘한 비유와 수사가 빚어내는 아름다운 시편들이 빼곡히 자리잡고 있는 이 시조집은 낮고 여린 존재들이 공감과 연대를 통해 자아내는 은은한 화음和音으로 출렁이고 있다.

158
현대시학 시인선

저음의 슬픈 연대

초판 1쇄 발행	2025년 9월 1일

지은이	표문순
발행인	전기화
책임편집	이주희

발행처	현대시학사
등록일	1969년 1월 21일
등록번호	종로 라 00079호
주소	서울시 서대문구 충정로 11길 26 현대빌딩 101호
전화	02.701.2341
블로그	http://blog.daum.net/hdsh69
이메일	hdsh69@daum.net
배포처	(주)명문사 02.319.8663

ISBN	979-11-93615-36-2　03810

○ 책값은 뒤표지에 있습니다.
○ 이 책의 판권은 지은이와 현대시학사에 있습니다.
　이 책 내용의 전부 또는 일부를 재사용하려면 반드시 양측의 서면 동의를 받아야 합니다.
○ 잘못 만들어진 책은 구입하신 서점에서 교환해 드립니다.